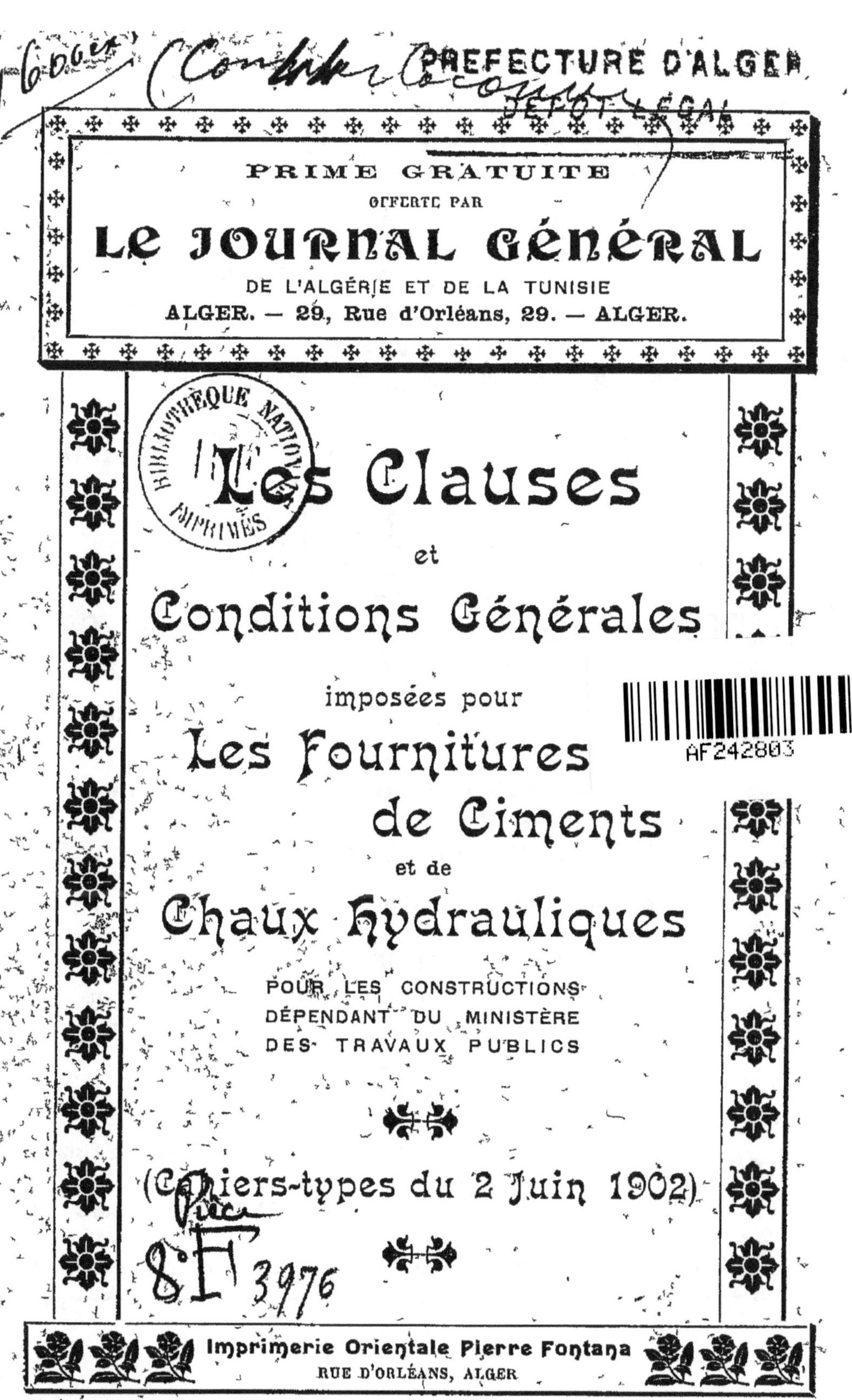

PRIME GRATUITE

OFFERTE PAR

LE JOURNAL GÉNÉRAL

DE L'ALGÉRIE ET DE LA TUNISIE

ALGER. — 29, Rue d'Orléans, 29. — ALGER.

Les Clauses

et

Conditions Générales

imposées pour

Les Fournitures

de Ciments

et de

Chaux hydrauliques

POUR LES CONSTRUCTIONS
DÉPENDANT DU MINISTÈRE
DES TRAVAUX PUBLICS

(Cahiers-types du 2 Juin 1902)

Imprimerie Orientale Pierre Fontana
RUE D'ORLÉANS, ALGER

SOCIÉTÉ ANONYME

DES

CHAUX ET CIMENTS DE RIVET

(PRÈS ALGER)

CAPITAL SOCIAL : 500,000 FRANCS

Bureaux et Caisse : 56, Rue d'Isly, ALGER

Chaux éminemment Hydraulique

CIMENT PORTLAND ARTIFICIEL

Garanti pur de tout mélange

ADMIS DANS TOUS LES TRAVAUX DES PONTS ET CHAUSSÉES

A TERRE ET A LA MER

GÉNIE MILITAIRE ET ARTILLERIE

VOIRIES DÉPARTEMENTALES ET COMMUNALES

COMPAGNIES DE CHEMINS DE FER, ETC.

CIMENT PROMPT

Adresser la Correspondance et les Commandes
à MM. NIBELLE et AYMONIER, Administrateurs délégués

56, Rue d'Isly, ALGER

Télégrammes-Téléphone : NIBELLE-ALGER

CLAUSES ET CONDITIONS GÉNÉRALES

IMPOSÉES POUR LES

FOURNITURES DE CIMENTS ET CHAUX HYDRAULIQUES

POUR LES

Constructions dépendant du Ministere des Travaux Publics

Paris, le 2 Juin 1902.

Le Ministre des Travaux publics à Monsieur X...,
ingénieur en chef des Ponts et Chaussées,

à X...

J'ai récemment décidé (Circulaire du 7 mars 1902) qu'aucune marque de chaux ou de ciment ne serait imposée dans les devis des travaux dépendant de mon Ministère et que les cahiers des charges se borneraient à définir avec précision les conditions de qualité et les essais de réception auxquels la matière aurait à satisfaire.

Les ingénieurs conserveraient d'ailleurs le pouvoir d'agréer, au cours des travaux, sur la présentation de l'entrepreneur, les usines d'où proviendraient les chaux et ciments, en se déterminant uniquement par l'examen des matières premières employées, des procédés et des soins de fabrication, ainsi que des résultats constatés à l'emploi.

J'indiquais qu'une commission spéciale était chargée de l'élaboration d'un cahier des charges-type.

Cette commission vient de terminer ses travaux, et j'ai adopté, sur sa proposition, un arrêté fixant les dispositions générales applicables à toutes les fournitures de ciment et de chaux hydrauliques, et cinq cahiers des charges-types relatifs :

1° Aux ciments Portland pour travaux à la mer ;

2° Aux chaux hydrauliques pour travaux à la mer ;

3° Aux ciments Portland pour travaux non exposés à la mer ;

4° Aux ciments de grappiers ;

5° Aux ciments et chaux ne rentrant pas dans les catégories précédentes.

Comme suite à ma circulaire du 7 mars dernier, je vous invite à insérer désormais dans tous les devis et cahiers des charges des projets comportant l'emploi de chaux ou de ciments, au chapitre relatif à la fourniture de ces matières :

a) Un article indiquant que les fournitures de chaux et ciments devront satisfaire aux conditions générales fixées par l'arrêté ministériel du 2 juin 1902 ;

b) Une série d'articles qui seront la reproduction des articles du ou des cahiers des charges-types applicables, suivant les cas, à la fourniture demandée.

J'insiste une fois de plus, comme l'ont déjà fait les circulaires des 3 août 1882 et 18 avril 1883, sur l'intérêt qu'il y a à ne pas recourir à l'emploi de chaux de qualité supérieure pour des travaux qui n'exigent pas des précautions particulières, ainsi que sur les facilités et l'économie résultant de l'emploi des produits fabriqués dans la région la plus voisine et qui suffisent dans un grand nombre de cas.

J'indique dans une autre circulaire que les essais relatifs à l'admission des chaux et ciments dans les adjudications de travaux publics pourront être faits d'une manière permanente à l'École des Ponts et Chaussées, sur la demande des intéressés.

Pierre BAUDIN.

ARRÊTÉ MINISTÉRIEL

CONCERNANT LES

FOURNITURES DE CIMENTS ET DE CHAUX HYDRAULIQUES

ARTICLE PREMIER
Dispositions générales.

Toutes les fournitures de ciments et de chaux relatives à l'exécution des travaux dépendant de l'Administration des Travaux publics, qu'il s'agisse de marchés pour fourniture sans emploi ou de marchés de travaux comprenant la fourniture et l'emploi, sont soumises, en tout ce qui leur est applicable, aux dispositions suivantes :

TITRE PREMIER
Clauses applicables à tous les Marchés.

ARTICLE 2. — *Mode de livraison.*

Le ciment et la chaux lorsqu'elle sera fournie en poudre seront livrés en sacs ou en barils.

Les sacs renfermeront un poids net de 50 kilogrammes ; ils seront cousus en dedans et fermés par un scellement au plomb à la marque du fabricant et d'un modèle accepté par l'Administration.

Les barils porteront sur l'un des fonds la marque de fabrique et sur l'autre l'indication du poids net de ciment ou de chaux qu'ils renferment.

Les sacs et barils devront être en parfait état au moment de la livraison.

Tout ciment ou chaux humides ou ayant été altérés par l'humidité seront rejetés.

A l'arrivée de chaque expédition, les connaissements ou lettres de voiture seront communiqués à l'ingénieur.

ARTICLE 3. — *Emmagasinage.*

Les sacs ou barils de ciment ou de chaux seront conservés dans des magasins très secs, clos et couverts. Ils y seront disposés par tas distincts correspondant à chaque livraison.

L'entrepreneur aura la garde et la responsabilité des ciments et des chaux en magasin jusqu'au moment de l'emploi, sauf l'exception stipulée à l'article 15.

Tout sac ou baril de ciment ou de chaux qui se trouvera avarié ou dont les enveloppes ne seront pas en bon état au moment de la délivrance pour emploi sera rebuté.

ARTICLE 4. — *Epreuves.*

Aucun ciment et aucune chaux ne pourront être employés avant d'avoir été soumis aux épreuves prescrites par le cahier des charges spécial de l'entreprise et reçus provisoirement.

L'ingénieur aura le droit de refuser, pendant toute la durée du séjour en magasin des chaux et ciments reçus provisoirement, les épreuves prescrites par le cahier des charges spécial de l'entreprise, et de rebuter les lots qui ne satisfairaient plus, au moment de la délivrance pour emploi ou de la réception définitive, aux conditions exigées pour ces épreuves.

Lorsque les épreuves auront donné des résultats défavorables, l'entrepreneur pourra demander qu'on les recommence au laboratoire des Ponts et Chaussées.

ARTICLE 5. — *Prélèvement des échantillons.*

Les échantillons à soumettre aux épreuves seront prélevés en des profondeurs et des points différents, dans plusieurs sacs, barils ou tas désignés par l'ingénieur. Les ciments ou les chaux provenant de prélèvements différents ne devront pas être mélangés.

ARTICLE 6. — *Qualité*.

Le ciment ou la chaux seront de composition et de qualité constantes ; ils ne contiendront ni incuits ni matières étrangères.

ARTICLE 7. — *Finesse de mouture ou de blutage*.

Les essais porteront sur un échantillon de 100 grammes. Le tamisage sera effectué au moyen de tamis de 324, 900 ou 4,900 mailles par centimètre carré ; les fils de ces trois tamis auront des grosseurs respectives de vingt, quinze ou cinq centièmes de millimètre.

ARTICLE 8. — *Densité apparente*.

La densité apparente sera déterminée en versant doucement le ciment ou la chaux, sans les faire tasser, dans une mesure métallique de forme cylindrique, ayant un litre de capacité et dix centimètres de hauteur. Le ciment ou la chaux contenus dans la mesure seront pesés. On prendra pour la densité apparente la moyenne des poids constatés dans trois opérations successives.

En cas de contestation, on recourra, pour le remplissage de la mesure, à l'emploi d'un entonnoir à tamis en tôle perforée de trous de deux millimètres ; on placera cet entonnoir de manière que l'extrémité de son ajutage inférieur soit à cinq centimètres au-dessus de la mesure. On versera le ciment ou la chaux en évitant tout choc et toute trépidation. Quand la mesure débordera, on enlèvera la matière en excès, en faisant glisser sur son bord supérieur une lame tenue dans un plan vertical.

ARTICLE 9. — *Durée de prise*.

Le ciment ou la chaux seront gâchés à l'eau potable en pâte ferme et seront disposés sous forme de gâteau de quatre centimètres d'épaisseur environ, immédiatement immergé soit dans l'eau potable, soit dans l'eau de mer, suivant ce qui sera prescrit par le cahier des charges spécial de l'entreprise. Le ciment ou la chaux, l'eau de gachage et le bain d'immersion seront à la température d'au moins 15° centigrades quand il s'agira de déterminer un maximum de rapidité de prise et d'au plus 15° quand il s'agira d'un minimum.

On appellera début de la prise l'instant à partir duquél l'aiguille Vicat ayant une section d'un millimètre carré et pesant 300 grammes ne peut plus traverser tout le gâteau. On appellera fin de la prise l'instant à partir duquel la surface de la pâte peut supporter la même aiguille sans qu'elle y pénètre d'une quantité appréciable, telle qu'un dixième de millimètre.

En cas de contestation, on considérera comme pâte ferme de ciment ou de chaux celle qui, gâchée à raison de cinq minutes par kilogramme, puis placée dans une boîte de 4 centimètres de profondeur, sera traversée jusqu'à 6 millimètres du fond de cette boîte par une sonde de consistance d'un centimètre de diamètre et du poids de 300 grammes.

ARTICLE 10. — *Résistance à la traction.*

Les essais de résistance pourront porter sur la pâte ferme de ciment ou de chaux pure et sur le mortier plastique de ciment ou de chaux gâché à l'eau potable. Ils seront faits à l'aide d'éprouvettes en forme de 8 ayant une section au milieu de cinq centimètres carrés.

Les moules servant à faire les éprouvettes seront remplis en une seule fois ; on les agitera d'abord pour expulser les bulles d'air ; la pâte ou le mortier sera ensuite comprimé à la truelle mais non damé ; puis avec le tranchant de celle-ci on enlèvera l'excédent qui dépassera les bords du moule et on lissera la surface.

Chaque essai comportera la rupture de six éprouvettes. On prendra pour la résistance à la traction la moyenne des quatre résultats les plus forts.

Le mortier sera dosé en poids à raison d'une partie de ciment óu de chaux pour trois parties de sable desséché. Le sable sera composé par parties égales de grains de trois grosseurs séparés par les quatre tamis en tôle perforée de trous de 1/2, 1, 1 1/2 et 2 millimètres de diamètre.

Les éprouvettes, après avoir été conservées dans une atmosphère humide et à l'abri des courants d'air et du soleil pendant un temps dont la durée sera fixée par le cahier des charges spécial de l'entreprise, seront démoulées et immergées dans l'eau potable ou l'eau de mer, suivant ce qui aura été prescrit par le cahier des charges. En tout cas, l'eau sera renouvelée tous les sept jours.

En cas de contestation, on considérera comme pâte ferme de ciment ou de chaux pure celle qui est définie à l'article 9, et comme mortier plastique de ciment ou de chaux, un mortier confectionné au moyen de sable de la plage de Leucate fourni par l'Administration et gâché avec une quantité d'eau égale pour un kilogramme de matière à 70 grammes $+ 1/6^{e}$ P; P étant le poids d'eau nécessaire pour transformer un kilogramme de ciment ou de chaux en pâte ferme.

ARTICLE 11. — *Déformation à froid et à chaud.*

Les essais de déformation à froid seront faits avec des galettes de ciment ou de chaux gâchées avec de l'eau potable en pâte ferme. Les galettes ayant environ dix centimètres de diamètre et deux centimètres d'épaisseur. seront amincies sur les bords et disposées sur des plaques de verre. Les galettes seront immergées dans les conditions que fixera le cahier des charges spécial de l'entreprise et conservées dans l'eau jusqu'à la réception définitive des ciments ou des chaux.

Aucune des galettes ne devra présenter la moindre trace de gonflement, saillie ou boursouflement. Les bords des galettes devront rester bien appliqués au verre et ne se relever en aucun point.

Les essais de déformation à chaud se feront sur des éprouvettes cylindriques, d'un diamètre et d'une hauteur de 30 millimètres, moulées dans un tube de laiton d'un demi-millimètre d'épaisseur, fendu suivant une génératrice et portant soudée de chaque côté de la fente une aiguille de 150 millimètres de longueur.

Dans les vingt-quatre heures qui suivront l'achèvement de la prise, ces éprouvettes seront immergées dans l'eau, qui sera progressivement élevée à la température fixée par le cahier des charges et maintenue à cette température pendant le temps également fixé par le cahier des charges, puis refroidie jusqu'à la température initiale. L'augmentation d'écartement des pointes des aiguilles ne devra pas dépasser les chiffres indiqués au cahier des charges spécial de l'entreprise.

Aucune des galettes et éprouvettes ne devra présenter la moindre trace de gonflement ni de déformations telles que fendillements, saillies, boursouflements. Les bords des galettes devront rester bien appliqués au verre et ne se relever sur aucun point.

ARTICLE 12. — Constance de la température.

L'eau dans laquelle les éprouvettes et galettes seront conservées devra être maintenue à des températures entre 12 et 18 degrés centigrades.

ARTICLE 13. — Enlèvement du ciment et de la chaux rebutés.

Le ciment ou la chaux rebutés seront enlevés des magasins par les soins et aux frais de l'entrepreneur dans un délai de dix jours à dater de la notification du procès-verbal de rebut.

Faute par l'entrepreneur de se conformer à cette prescription, il sera procédé d'office par l'ingénieur à l'enlèvement du ciment ou de la chaux rebutés, et ce ciment ou cette chaux seront transportés et déposés aux frais, risques et périls de l'entrepreneur, dans des magasins loués à son compte.

TITRE II
Clauses applicables aux Marchés pour fourniture sans emploi.

ARTICLE 14. — *Commandes.*

Le ciment ou la chaux seront fournis par lots successifs, dont l'importance et les délais de livraison seront fixés par des ordres de service. Le cahier des charges spécial de l'entreprise déterminera la quantité maximum de ciment ou de chaux qui pourra être demandée mensuellement à l'entrepreneur, ainsi que la durée minimum du délai accordé pour l'exécution de chaque commande.

En cas de retard dans la livraison, l'Administration pourra, dix jours après la notification à l'entrepreneur d'une mise en demeure de l'ingénieur, acheter d'office et à ses frais les quantités de ciment ou de chaux qui n'auraient pas été livrées.

Si le ciment ou la chaux fournis donnent lieu à un procès-verbal de rebut et que l'entrepreneur, mis en demeure, n'ait pas remplacé dans un délai qui sera fixé par l'ingénieur et qui sera d'au moins dix jours, le ciment ou la chaux rebutés, l'Administration pourra également acheter d'office et aux frais de l'entrepreneur une quantité de ciment ou de chaux égale à celle qui aura été rebutée.

Dans les deux cas, le montant de l'entreprise sera diminué d'autant, sans que l'entrepreneur puisse invoquer le bénéfice de l'article 31 des Clauses et Conditions générales.

ARTICLE 15. — *Restitution des enveloppes.*

Les sacs vides seront réintégrés en magasin à la diligence de l'Administration, au fur et à mesure de l'emploi et tenus à la disposition de l'entrepreneur qui devra les enlever à ses frais.

A défaut d'enlèvement dans le délai fixé par l'ingénieur et en cas d'encombrement des magasins, les sacs vides seront retournés d'office à l'entrepreneur, à son adresse et à ses frais.

La valeur des sacs non rendus sera payée à l'entrepreneur, en fin d'entreprise, au prix fixé par le cahier des charges de l'entreprise, sans déduction du rabais de l'adjudication.

Les barils vides resteront la propriété de l'Etat.

ARTICLE 16. — Pesage.

Tous les sacs ou barils seront pesés contradictoirement au moment de l'entrée en magasin. On déterminera le poids de la tare en pesant un nombre d'enveloppes égal à 10 0/0 environ du nombre total.

ARTICLE 17. — Réception.

La réception provisoire de chaque lot de fourniture sera prononcée dès que le ciment ou la chaux composant ce lot auront satisfait aux épreuves fixées par le cahier des charges de l'entreprise.

Le ciment ou la chaux reçus provisoirement seront portés en compte comme approvisionnements jusqu'à délivrance pour emploi.

Le ciment ou la chaux qui n'auront pas été employés dans un délai de six mois à dater de la réception provisoire seront portés en travaux terminés à l'expiration du délai de six mois s'ils satisfont à toutes les conditions prescrites, et l'entrepreneur sera, à partir de ce moment, déchargé de toute responsabilité pour la garde et la conservation en magasin.

ARTICLE 18. — Délai de garantie.

Le délai de garantie sera d'un an, à dater de la réception provisoire de la dernière fourniture partielle.

Paris, le 2 Juin 1902.

Le Ministre des Travaux publics,
PIERRE BAUDIN.

CAHIER DES CHARGES-TYPE N° 1

POUR LES FOURNITURES DE
CIMENTS PORTLAND DESTINÉS A DES TRAVAUX EN PRISE A LA MER

(Circulaire du 2 Juin 1902)

ARTICLE PREMIER
Définition du Produit.

Le ciment Portland sera produit par la mouture d'un mélange intime de carbonate de chaux, silice, alumine et fer cuit jusqu'à ramollissement.

ARTICLE 2.
Provenance et Contrôle à l'Usine.

Le ciment proviendra directement et exclusivement d (1).

L'Administration se réserve le droit d'exercer son contrôle à l'usine, tant sur la fabrication que sur la conservation et l'expédition du ciment qui sera fourni en exécution du présent marché.

Elle pourra y installer des agents spéciaux en permanence.

ARTICLE 3.
Mode de Livraison.

Le ciment sera livré (en sacs ou en barils).

---

(1) S'il s'agit d'un marché de fourniture . de l'usine du soumissionnaire.

S'il s'agit d'un marché de travaux comprenant la fourniture et l'emploi et si l'importance de la fourniture ou la nature du travail à exécuter exige que l'on précise l'origine du ciment de l'une des usines ci-après...

S'il s'agit d'un marché de travaux comprenant la fourniture et l'emploi sans qu'il y ait lieu de préciser l'origine du ciment · de l'usine choisie par l'entrepreneur et agréée par l'ingénieur

---

ARTICLE 4.
Composition chimique.

Le ciment ne devra pas contenir plus de 1,5 0/0 d'acide sulfurique, ni plus de 2 0/0 de magnésie, ni plus de 8 0/0 d'alumine, ni des sulfures en proportions dosables.

Son indice d'hydraulicité, c'est-à-dire le rapport entre les poids de la silice combinée et de l'alumine, d'une part, et le poids de la chaux et de la magnésie, d'autre part, sera d'au moins de 0,47 pour une teneur en alumine de 8 0/0, avec une diminution de 0,02 pour chaque 1 0/0 d'alumine en dessous de 8.

ARTICLE 5.
Finesse de Mouture.

Le ciment devra laisser au moins le 40 0/0 de son poids sur le tamis de 4,900 mailles par centimètre carré et au plus de 2 0/0 sur le tamis de 324 mailles.

ARTICLE 6.
Densité apparente.

Le poids du litre de ciment sera de 1,200 grammes au moins.

ARTICLE 7,
Durée de Prise.

Le ciment immergé dans l'eau potable ne devra pas commencer à faire prise avant un délai de vingt minutes.

La prise devra être complètement terminée dans un délai qui ne sera pas inférieur à trois heures ni supérieur à douze heures.

ARTICLE 8.
Résistance à la Traction du Ciment pur.

Les éprouvettes de ciment pur, immergées dans l'eau de mer

au bout de vingt-quatre heures, devront présenter une résistance à la traction par centimètre carré qui sera au moins de :

15 kilogrammes au bout de 7 jours,
30 — — 28 — (1).

La résistance devra augmenter d'ailleurs au moins de 3 kilogrammes du septième au vingt-huitième jour.

ARTICLE 9.

Résistance de la Traction du Mortier de Ciment.

Les éprouvettes de mortier, immergées dans l'eau de mer au bout de vingt-quatre heures, devront présenter une résistance à la traction par centimètre carré qui sera au moins de :

6 kilogrammes au bout de 7 jours.
12 — — 28 — (2)

La résistance devra d'ailleurs augmenter au moins de deux kilogrammes du septième au vingt-huitième jour.

ARTICLE 10.

Déformation à froid et à chaud.

Les galettes et éprouvettes seront conservées dans une atmosphère humide pendant vingt-quatre heures ; les galettes seront ensuite immergées dans l'eau de mer.

La température de l'essai de déformation à chaud des éprouvettes sera de 100° ; elle sera maintenue pendant trois heures.

L'augmentation de l'écartement des pointes des aiguilles ne devra pas dépasser cinq millimètres.

---

(1) Les chiffres ci-dessus sont des minima; les ingénieurs pourront les augmenter après s'être assurés que les usines sont en mesure d'obtenir ceux qu'ils indiquent

(2) Même observation qu'à l'article 8.

CAHIER DES CHARGES-TYPE Nº 2
POUR LA FOURNITURE DE
CHAUX HYDRAULIQUE DESTINÉE A DES TRAVAUX EN PRISE A-LA MER
(Circulaire du 2 Juin 1902)

ARTICLE PREMIER
Définition du Produit.

La chaux sera livrée en poudre fine, sans incuits, ni matières étrangères.

ARTICLE 2.
Provenance et Contrôle à l'Usine.

La chaux proviendra directement et exclusivement d   (1).

L'Administration se réserve le droit d'exercer son contrôle à l'usine tant sur la fabrication que sur la conservation et l'expédition de la chaux qui sera fournie en exécution du présent marché.

Elle pourra y installer des agents spéciaux en permanence.

ARTICLE 3.
Mode de Livraison.

La chaux sera livrée (en sacs ou en barils).

---

(1) S'il s'agit d'un marche de fourniture de l'usine du soumissionnaire.

S'il s'agit d'un marche de travaux comprenant la fourniture et l'emploi et si l'importance de la fourniture ou la nature du travail a exécuter exige que l'on precise l'origine de la chaux de l'une des usines ci-après... ou d'autres fournissant couramment des produits d'une qualite que les Ingénieurs reconnaissent au moins egale.

S'il s'agit d'un marché de travaux comprenant la fourniture et l'emploi sans qu'il y ait lieu de préciser l'origine de la chaux d'une usine choisie par l'entrepreneur et agréee par l'Ingenieur.

ARTICLE 4.
Composition chimique.

La chaux devra contenir moins de 2 0/0 d'alumine, plus dé 20 0/0 de silice combinée et ne pas perdre plus de 10 0/0 de son poids par la calcination au rouge blanc.

Ces chiffres ne seront pas obligatoires pour les chaux qui auront subi avec succès les essais à la mer effectués par la Commission des chaux et ciments sur la demande des fabricants désireux de présenter leurs produits aux adjudications des travaux à la mer.

ARTICLE 5.
Finesse de Mouture.

La chaux ne devra laisser au plus de 5 0/0 de son poids sur le tamis de 900 mailles par centimètre carré et de 2 0/0 sur le tamis de 324 mailles.

ARTICLE 6.
Densité apparente.

Le poids du litre de chaux devra être supérieur à 700 grammes ; pour la chaux provenant d'une même usine la variation du poids du litre ne pourra dépasser 100 grammes.

ARTICLE 7.
Durée de Prise.

La pâte de chaux immergée dans l'eau de mer devra avoir commencé à faire prise dans un délai de six heures et avoir fait complètement prise dans un délai de trente heures au plus.

ARTICLE 8.
Résistance à la Traction du Mortier de Chaux.

Les éprouvettes de mortier, immergées dans l'eau de mer au

bout de vingt-quatre heures, devront présenter une résistance à la traction par centimètre carré qui sera au moins de :

3 kilogrammes au bout de 7 jours,
6 — — 28 — (1).

La résistance devra augmenter d'ailleurs au moins de 2 kilogrammes du septième au vingt-huitième jour.

ARTICLE 9.
Déformations à froid et à chaud.

Les galettes et éprouvettes seront conservées dans une atmosphère humide pendant quarante-huit heures. Ensuite on immergera les galettes dans de l'eau de mer. La température de l'essai de déformation à chaud des éprouvettes sera de 100° et sera maintenue pendant trois heures.

L'augmentation de l'écartement des pointes des aiguilles ne devra pas dépasser 5 millimètres.

CAHIER DES CHARGES-TYPE N° 3
POUR LES FOURNITURES DE
CIMENTS PORTLAND DESTINÉES A DES TRAVAUX NON EN PRISE A LA MER
(Circulaire du 2 Juin 1902).

ARTICLE PREMIER
Définition du Produit.

Le ciment Portland sera produit par la mouture d'un mélange intime de carbonate de chaux, silice, alumine et fer cuit jusqu'à ramollissement.

---

(1) Les chiffres ci-dessus sont des minima. Les Ingénieurs pourront les augmenter après s'être assurés que les usines sont en mesure d'obtenir ceux qu'ils indiqueront.

ARTICLE 2.
Provenance et Contrôle à l'Usine.

Le ciment proviendra directement et exclusivement d   (1).

L'Administration se réserve le droit d'exercer son contrôle à l'usine tant sur la fabrication que sur la conservation et l'expédition du ciment qui sera fourni en exécution du présent marché.

Elle pourra y installer des agents spéciaux en permanence.

ARTICLE 3.
Mode de Livraison.

Le ciment sera livré (en sacs ou en barils).

ARTICLE 4.
Composition chimique.

Le ciment ne devra pas contenir plus de 3 0/0 d'acide sulfurique, ni plus de 5 0/0 de magnésie, ni plus de 10 0/0 d'alumine, ni des sulfures en proportions dosables.

ARTICLE 5.
Finesse de Mouture.

Le ciment devra laisser au plus 30 0/0 de son poids sur le tamis de 4,900 mailles par centimètre carré et 10 0/0 sur le tamis de 900 mailles.

----

(1) S'il s'agit d'un marché de fournitures   de l'usine du soumissionnaire.

S'il s'agit d'un marché de travaux comprenant la fourniture et l'emploi et si l'importance de la fourniture ou la nature du travail a exécuter exige que l'on précise l'origine du ciment· de l'une des usines ci-apres. . ou d'autres fournissant couramment des produits d'une qualité que les ingénieurs reconnaissent au moins égale.

S'il s'agit d'un marché de travaux comprenant la fourniture et l'emploi sans qu'il y ait lieu de préciser l'origine du ciment . de l'usine choisie par l'entrepreneur et agréée par l'ingénieur.

ARTICLE 6.
Densité apparente.

Le poids du litre de ciment sera de 1,100 grammes au moins.

ARTICLE 7.
Durée de Prise.

Le ciment immergé dans de l'eau potable ne devra pas commencer à faire prise avant un délai de vingt minutes.

La prise devra être complètement terminée dans un délai qui ne sera pas intérieur à deux heures ni supérieur à douze heures.

ARTICLE 8.
Résistance à la Traction du Ciment pur.

Les éprouvettes de ciment pur, immergées dans de l'eau potable, au bout de vingt-quatre heures, devront présenter une résistance à la traction par centimètre carré qui sera au moins de :

25 kilogrammes au bout de 7 jours.
35   —   — ,   28 —   (1)

La résistance devra augmenter d'ailleurs au moins de 3 kilogrammes du septième au vingt-huitième jour.

ARTICLE 9.
Résistance à la Traction du Mortier de Ciment.

Les éprouvettes de mortier, immergées dans de l'eau potable, au bout de vingt-quatre heures devront présenter une résis-

---

(1) Les chiffres ci-dessus sont des minima. Les ingénieurs pourront les augmenter après s'être assurés que les usines sont en mesure d'obtenir ceux qu'ils indiqueront.

tance à la traction par centimètre carré, qui sera au moins de :

8 kilogrammes au bout de 7 jours.

16 — — 28 — (¹).

La résistance devra augmenter d'ailleurs au moins de 2 kilogrammes du septième au vingt-huitième jour.

ARTICLE 10.
Déformations à Chaud.

Les éprouvettes seront conservées dans une atmosphère humide pendant vingt-quatre heures. La température de l'essai sera de 100 et sera maintenue pendant trois heures. L'augmentation de l'écartement des pointes des aiguilles ne pourra dépasser 10 millimètres.

CAHIER DES CHARGES-TYPE N° 4

POUR LES FOURNITURES DE CIMENTS DE GRAPPIERS

(Circulaire du 2 Juin 1902).

ARTICLE PREMIER
Définition du Produit.

Le ciment de grappiers sera produit par la mouture des grappiers formant le résidu de la fabrication des chaux bien cuites, séparées de ces dernières par des extinctions et des blutages successifs.

---

(1) Même observation qu'à l'article 8.

ARTICLE 2.
Provenance et Crontrôle à l'Usine.

Le ciment proviendra directement et exclusivement d (¹).

L'Administration se réserve le droit d'exercer son contrôle à l'usine tant sur la fabrication que sur la conservation et l'expédition du ciment qui sera fourni en exécution du présent marché.

Elle pourra y installer des agents spéciaux en permanence.

ARTICLE 3.
Mode de Livraison.

Le ciment sera livré (en sacs ou en barils).

ARTICLE 4.
Composition chimique.

Le ciment ne devra pas contenir plus de 1,5 0/0 d'acide sulfurique, ni plus de 5 0/0 de magnésie, ni moins de 22 0/0 de silice combinée. Si le ciment est destiné à des travaux en prise à la mer, on stipulera en outre qu'il ne devra pas contenir plus de 30 0/0 d'alumine.

Ces chiffres ne seront pas obligatoires pour les ciments qui auront subi avec succès les essais effectués par la commission des chaux et ciments sur la demande des fabricants désireux de présenter leurs produits aux adjudications de travaux publics.

(I) S'il s'agit d un marché de fourniture : de l'usine du soumissionnaire.

S'il s'agit d'un marché de travaux comprenant la fourniture et l emploi et si l'importance de la fourniture ou la nature du travail a executer exige que l'on precise l'origine du ciment . de l'une des usines ci-apres. .

S'il s'agit d'un marche de travaux comprenant la fourniture et l'emploi sans qu'il y ait lieu de préciser l'origine du ciment . de l'usine choisie par l'entrepreneur et agréée par l'ingenieur.

ARTICLE 5.
Finesse de Mouture.

Le ciment devra laisser au plus 30 0/0 de son poids sur le tamis de 4,900 mailles par centimètre carré et 10 0/0 sur le tamis de 900 mailles.

ARTICLE 6.
Durée de Prise.

Le ciment immergé dans de l'eau potable devra avoir commencé à faire prise dans un délai de cinq heures et avoir fait complètement prise dans un délai de quatorze heures.

ARTICLE 7.
Résistance à la Traction du Mortier de Ciment.

Les éprouvettes de mortier, immergées dans l'eau potable au bout de vingt-quatre heures, devront présenter une résistance à la traction par centimètre carré qui sera au moins de :

8 kilogrammes au bout de 7 jours.

12   —   —   28 — (1).

Si le ciment est destiné à des travaux en prise à la mer, les résistances exigées à sept et à vingt-huit jours seront portées respectivement à 10 et à 15 kilogrammes.

La résistance devra d'ailleurs augmenter au moins de 2 kilogrammes du septième au vingt-huitième jour.

ARTICLE 8.
Déformations à froid et à chaud.

Les galettes et éprouvettes seront conservées dans une atmosphère humide pendant vingt-quatre heures. Ensuite on

---

(1) Les chiffres ci-dessus sont des minima. Les ingénieurs pourront les augmenter après s'être assurés que les usines sont en mesure d'obtenir ceux qu'ils indiqueront.

immergera les galettes dans l'eau de mer pour les travaux en prise à la mer. La température de l'essai de déformation à chaud des éprouvettes sera de 100° et sera maintenue pendant trois heures. L'augmentation de l'écartement des pointes des aiguilles ne devra pas dépasser 5 millimètres pour les travaux à la mer et 10 millimètres pour les autres travaux.

CAHIER DES CHARGES-TYPE N° 5

POUR LA FOURNITURE DE CIMENTS ET DE CHAUX HYDRAULIQUES NE
RENTRANT PAS DANS LES CATÉGORIES
POUR LESQUELLES DES CAHIERS DES CHARGES SPÉCIAUX SONT PRÉVUS.

(Circulaire du 2 Juin 1902).

ARTICLE PREMIER
Définition du Produits.

. . . .

ARTICLE 2.
Provenance et Contrôle à l'Usine.

L   proviendra directement et exclusivement d   (1).

(1) S'il s'agit d'un marché de fournitures : de l'usine du soumissionnaire.
S'il s'agit d'un marché de travaux comprenant la fourniture et l'emploi et si l'importance de la fourniture ou la nature du travail a exécuter exige que l'on précise l'origine : de l..... de l'une des usines ci-après... ou d'autres fournissant couramment des produits d'une qualité que les ingénieurs reconnaissent au moins égale.
S'il s'agit d'un marché de travaux comprenant la fourniture et l'emploi sans qu'il y ait lieu de préciser l'origine · de l.....· d'une usine choisie par l'entrepreneur et agréée par l'ingénieur.

L'Administration se réserve le droit d'exercer son contrôle à l'usine, tant sur la fabrication que sur la conservation et l'expédition d * qui sera fourni en exécution du présent marché.

Elle pourra y installer des agents spéciaux en permanence.

ARTICLE 3.
Mode de Livraison.

L   sera livré   (en sacs ou en barils).

ARTICLE 4.
Composition chimique.

L   ne devra pas contenir moins de   0/0 d'acide sulfurique, moins de   0/0 de silice combinée, ni perdre plus de   0/0 par la calcination au rouge blanc.

Son indice d'hydraulicité, c'est-à-dire le rapport entre les poids de la silice combinée et de l'alumine, d'une part, et le poids de la chaux et de la magnésie, d'autre part, sera au moins de   .

ARTICLE 5.
Finesse de Blutage.

L   devra laisser au plus 10 0/0 de son poids sur le tamis de 900 mailles par centimètre carré et 2 0/0 sur le tamis de 324 mailles.

ARTICLE 6.
Densité apparente.

Le poids du litre devra être supérieur à   grammes.

ARTICLE 7.
Durée de Prise.

La pâte d   immergée dans de l'eau potable devra avoir fait complètement prise dans un délai qui ne sera pas inférieur à   , ni supérieur à   .

USINES PÉTOLAT DE DIJON

CHEMINS DE FER PORTATIFS, à pose rapide

AGENCE D'ALGER

Directeur : M. A. STANISLAS

113, Rue Sadi-Carnot, MUSTAPHA

MATÉRIEL POUR ENTREPRENEURS ET INDUSTRIELS

VENTE ✷ ACHAT ✷ LOCATION

MACHINES A VAPEUR, LOCOMOBILES, VOIES PORTATIVES, WAGONNETS

Forges, Ventilateurs, Malaxeurs, Bétonnières
APPAREILS DE LEVAGE

LABOURAGES A VAPEUR

TÉLÉPHONE
LETTRES ET TÉLÉGRAMMES
PÉTOLAT - MUSTAPHA

Fournisseur de l'Etat, de la Marine
et des Chemins de fer, etc.

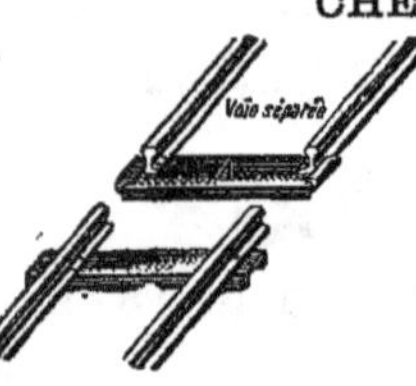

TONNEAU D'ARROSAGE

POMPES D'ÉPUISEMENT
EN TOUS GENRES
A BRAS ET A VAPEUR